Aprendizaje basado en proyectos: la historia estadounidense

INTERPRETACIÓN DE DATOS SOBRE

LAS TRECE COLONIAS

SARAH MACHAJEWSKI

TRADUCIDO POR ESTHER SARFATTI

PowerKiDS press.

NEW YORK

Published in 2019 by The Rosen Publishing Group, Inc.
29 East 21st Street, New York, NY 10010

Translator: Esther Sarfatti
Editorial Director, Spanish: Nathalie Beullens-Maoui
Editor, Spanish: María Cristina Brusca
Editor, English: Therese Shea
Book Design: Rachel Rising

Photo Credits: Cover, p. 5 I. Pilon/Shutterstock.com; Cover, pp. 1, 3, 4, 5, 6, 7, 8, 10, 12, 13, 14, 16, 17, 18, 19, 20, 22, 24, 25, 26, 27, 28, 29, 30, 31, 32 (background) Lyubov_Nazarova/Shutterstock.com; pp. 4, 7, 12, 16, 18, 24, 26, 28 (insert) kontur-vid/Shutterstock.com; pp. 6, 8, 13, 15, 23, 29, 30 Courtesy of the Library of Congress; pp. 6, 11, 13, 15, 17, 21 (background) Reinhold Leitner/Shutterstock.com; p. 9 jiawangkun/Shutterstock.com; p. 11 Courtesy of State Library of Massachusetts; p. 14 https://commons.wikimedia.org/wiki/File:Return_of_Roger_Williams.jpg; p. 17 Courtesy of New York Library; p.21 (top) Buyenlarge/ Archive Photos/Getty Images; p. 21 (bottom) https://commons.wikimedia.org/wiki/File:1698PhilipLeaPANJmap.jpg; p. 25 Hulton Archive/Staff/Getty Images; p. 27 H. P. Moore/Hulton Archive/Stringer/Getty Images.

Cataloging-in-Publication Data

Names: Machajewski, Sarah.
Title: Interpretación de datos sobre las Trece Colonias / Sarah Machajewski.
Description: New York : PowerKids Press, 2019. | Series: Aprendizaje basado en proyectos: la historia estadounidense | Includes glossary and index.
Identifiers: LCCN ISBN 9781538333884 (pbk.) | ISBN 9781538333877 (library bound) | ISBN 9781538333891 (6 pack)
Subjects: LCSH: United States--History--Colonial period, ca. 1600-1775--Juvenile literature.
Classification: LCC E188.M33 2019 | DDC 973.2--dc23

Manufactured in the United States of America

CPSIA Compliance Information: Batch #CS18PK For further information contact Rosen Publishing, New York, New York at 1-800-237-9932.

INTRODUCCIÓN A LA AMÉRICA COLONIAL

Antes de que Estados Unidos existiera como nación, los futuros estados eran las trece colonias establecidas en suelo norteamericano. El Gobierno británico concedió **cartas constitutivas** para fundar estas colonias en América del Norte, que se consideraban parte del "Nuevo Mundo". Entre 1607 y 1732, diferentes personas fundaron las colonias americanas por distintos motivos.

Para algunos, las colonias eran una forma de escapar de la **persecución** religiosa. Otros llegaban a las colonias en busca de mejores oportunidades.

Detective de datos

Para aprender más acerca de cualquier asunto debes estudiarlo, lo cual significa que tienes que leer con cuidado, analizar lo que lees e interpretar los datos o la información. Analizar significa examinar cuidadosamente los datos. Interpretar significa entender y explicar el significado o importancia de los datos. Los datos son la información que nos da pistas acerca de la política, la sociedad, los gobiernos y otros aspectos de la vida en las colonias. Por lo tanto, interpretar datos es un poco como ¡ser detective y utilizar las pistas para averiguar algo!

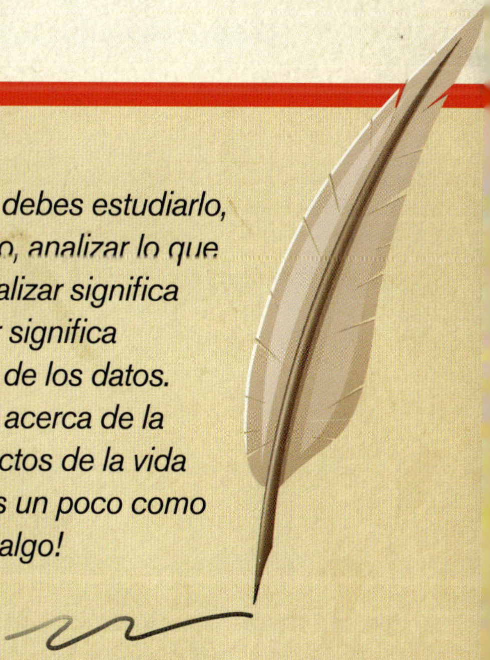

CONTENIDO

Este mapa muestra las trece colonias británicas durante la guerra de Independencia de Estados Unidos, que tuvo lugar entre Inglaterra y las colonias de 1775 a 1783.

De Nuevo Hampshire, al norte, a Georgia, al sur, cada una de las trece colonias tenía una identidad única. Esto lo sabemos gracias al estudio de **documentos** y obras de arte de aquellos tiempos. Al examinar los documentos y los datos que contienen, podemos aprender cómo era la vida en cada una de las colonias americanas durante los siglos XVII y XVIII.

EXAMINEMOS LAS FUENTES

Algunos escritos, imágenes y obras de arte que encontrarás son fuentes primarias. Las fuentes primarias fueron creadas durante el período de tiempo que estás investigando. Son versiones de **primera mano** de la historia hecha por gente que vivió durante la época en cuestión. Los diarios, mapas, artículos de periódico, documentos legales y dibujos son algunos ejemplos

Esta es la primera página del periódico *Massachusetts Spy*, de 1774. Es un ejemplo de una fuente primaria colonial, escrita por gente que vivió en aquellos tiempos.

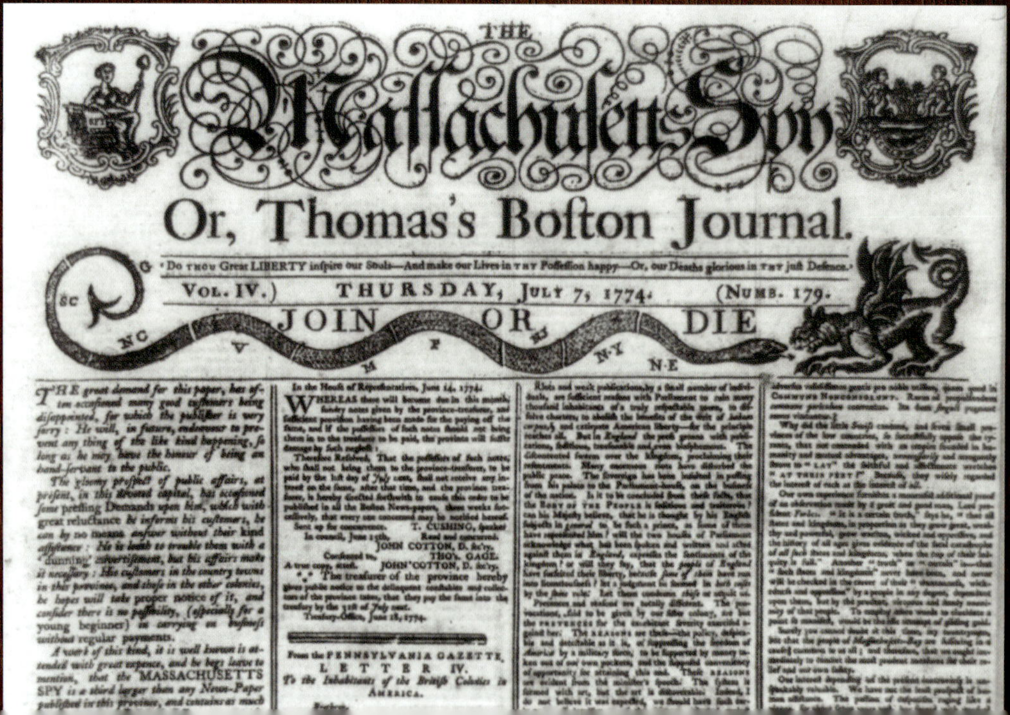

THE

Massachusetts Spy

Or, Thomas's Boston Journal.

Do THOU Great LIBERTY inspire our Souls—And make our Lives in THY Possession happy—Or, our Deaths glorious in THY just Defence.

VOL. IV.) THURSDAY, JULY 7, 1774. (NUMB. 179.

JOIN OR DIE

SC NC V M P NJ N-Y N-E

THE great demand for this paper, has often occasioned many good customers being disappointed, for which the publisher is very sorry: He will, in future, endeavour to prevent any thing of the like kind happening, so long as he may have the honour of being an humble servant to the public.

The gloomy prospect of public affairs, at present, in this devoted capital, has occasioned some pressing Demands *upon him, which with* great reluctance *he informs his customers, he can by no means answer without their kind assistance: He is loath to trouble them with a* "dunning" *advertisement, but his affairs make it necessary: His customers in the country towns in this province, and those in the other colonies, he hopes will take proper notice of it, and consider there is no possibility, (especially for a* young beginner) *in carrying on business* without regular payments.

A work of this kind, it is well known is attended with great expence, and he begs leave to mention, that the MASSACHUSETTS SPY *is a third larger than any News-Paper published in this province, and contains as much*

In the House of Representatives, June 14, 1774.

WHEREAS there will become due in this month, sundry notes given by the province-treasurer, and sufficient provision having been made for the paying off the same, and if the possessors of such notes should not bring them in to the treasurer to be paid, the province will suffer damage by such neglect;

Therefore Resolved, That the possessors of such notes, who shall not bring them to the province-treasurer, to be paid by the last day of *July* next, shall not receive any interest on the same, after that time, and the province treasurer, is hereby directed forthwith to cause this order to be published in all the Boston News-papers, three weeks successively, that every one concerned may be notified hereof.

Sent up for concurrence. T. CUSHING, Speaker

In council, June 15th, Read and concurred.

JOHN COTTON, D. Sec'ry.

Consented to, THO's. GAGE.

A true copy, attest. JOHN COTTON, D. Sec'ry.

. The treasurer of the province hereby gives public notice to the delinquent [illegible] and collectors of the province taxes, that they pay the same into the treasury by the [illegible] of *July* next.

Treasury-Office, June 18, 1774.

From the PENNSYLVANIA GAZETTE.

LETTER IV.

To the Inhabitants of the British Colonies in AMERICA.

de fuentes primarias. La gente que vivió en las trece colonias creó todas estas cosas.

Pero la información no viene solo de fuentes primarias. Las fuentes secundarias también ofrecen excelente información. Las fuentes secundarias se distinguen de las primarias en que son creadas por gente que ha vivido después del periodo de tiempo en cuestión.

¡A menudo esta gente ha trabajado duro para analizar e interpretar la historia para ti! Las fuentes secundarias incluyen los libros de no ficción, libros de texto, enciclopedias, artículos y biografías. Saber quién ha creado una fuente y cuándo se ha creado te puede indicar si es primaria o secundaria.

Un periódico patriota

El Massachusetts Spy, fundado en 1770, estaba dirigido a artesanos de clase media. Era el periódico más popular de las colonias en aquel momento. Defendía las causas ***patriotas****. La mayoría de los periódicos coloniales tenían entre 500 y 1,000 lectores, pero el Massachusetts Spy tenía unos 3,500 lectores distribuidos por las trece colonias. Este dato nos dice que para finales del siglo XVIII muchos colonos tenían interés en la idea de separarse de Inglaterra.*

NUEVO HAMPSHIRE

Los relatos históricos nos cuentan que Nuevo Hampshire fue colonizada en 1623 como asentamiento pesquero. Se convirtió en provincia real de Inglaterra en 1679. Gracias a su situación en la costa atlántica, esta colonia de Nueva Inglaterra desarrolló una fuerte industria pesquera y de construcción naval. Entre 1698 y 1741, el Gobierno de la colonia fue supervisado por Massachusetts. Pequeña en tamaño pero grande en espíritu revolucionario, Nuevo Hampshire luchó con las colonias vecinas por las fronteras territoriales durante muchos años.

Este dibujo del Fuerte William y Mary muestra el fuerte en 1705. Casi 70 años más tarde, un importante acto de **rebelión** contra Inglaterra tuvo lugar en este fuerte.

Actualmente, el Fuerte William y Mary se llama Fuerte de la Constitución.

Justo antes de la guerra de Independencia, los colonos atacaron el Fuerte William y Mary en Nuevo Hampshire. Según los archivos históricos, robaron pólvora, mosquetes y cañones del fuerte, los cuales usaron más tarde para luchar contra los británicos. Este acto se consideró una traición contra Inglaterra. ¿Por qué crees que estos colonos se pusieron en peligro?

MASSACHUSETTS

En 1630, unos 1,000 puritanos cruzaron el océano Atlántico y formaron la colonia de la bahía de Massachusetts. Los puritanos establecieron un gobierno y varios pueblos, entre ellos Boston. Sin embargo, en 1684, el Gobierno británico canceló su carta constitutiva. En 1691, concedió otra carta constitutiva para una nueva colonia en Massachusetts dirigida por Inglaterra.

Hacia mediados del siglo XVIII, muchos colonos estaban descontentos con el Gobierno británico. En 1773, un grupo de patriotas de Boston echó al agua muchas cajas de té inglés en el puerto de Boston para protestar contra un impuesto sobre el té. Este evento se conoce como el Motín del Té de Boston. Como respuesta al Motín del Té, el Gobierno británico aprobó las Leyes **Coactivas** (o Leyes Intolerables) para castigar a los colonos. Creó un gobierno militar para la colonia y prohibió que se hicieran reuniones ciudadanas sin permiso. ¿Cómo crees que respondieron los patriotas de Boston a estas medidas?

Publicado aproximadamente un mes antes del Motín del Té de Boston, este documento describe una reunión para los patriotas de Boston. Los que asistieran "harían el máximo esfuerzo para impedir que llegara el té a tierra". No dejarían que entrara el té con impuesto en la colonia.

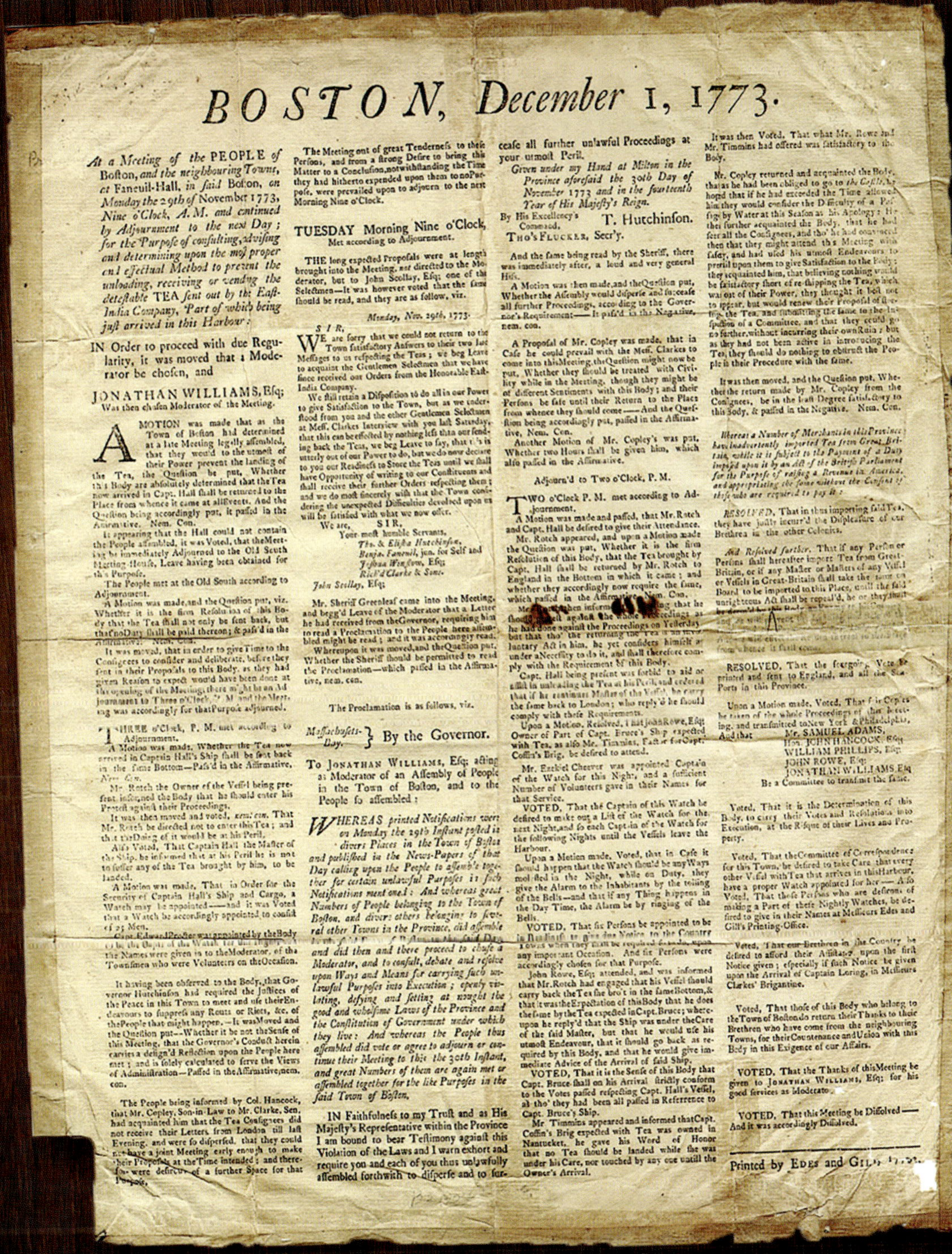

BOSTON, December 1, 1773.

At a Meeting of the PEOPLE *of* Boston, *and the neighbouring Towns, at* Faneuil-Hall, *in said* Boston, *on Monday the 29th of* November 1773, *Nine o'Clock, A.M. and continued by Adjournment to the next Day; for the Purpose of consulting, advising and determining upon the most proper and effectual Method to prevent the unloading, receiving or vending the detestable* TEA *sent out by the East-India Company, Part of which being just arrived in this Harbour:*

IN Order to proceed with due Regularity, it was moved that a Moderator be chosen, and

JONATHAN WILLIAMS, Esq;
Was then chosen Moderator of the Meeting.

A MOTION was made that as the Town of Boston had determined at a late Meeting legally assembled, that they would to the utmost of their Power prevent the landing of the Tea, the Question be put, Whether this Body are absolutely determined that the Tea now arrived in Capt. Hall shall be returned to the Place from whence it came at all Events. And the Question being accordingly put, it passed in the Affirmative. Nem. Con.

It appearing that the Hall could not contain the People assembled, it was Voted, that the Meeting be immediately Adjourned to the Old South Meeting-House, Leave having been obtained for this Purpose.

The People met at the Old South according to Adjournment.

A Motion was made, and the Question put, viz. Whether it is the firm Resolution of this Body that the Tea shall not only be sent back, but that no Duty shall be paid thereon; & pass'd in the Affirmative. Nem. Con.

It was moved, that in order to give Time to the Consignees to consider and deliberate, before they sent in their Proposals to this Body, as they had given Reason to expect would have been done at the opening of the Meeting, there might be an Adjournment to Three o'Clock, P. M. and the Meeting was accordingly for that Purpose adjourned.

THREE o'Clock, P. M. met according to Adjournment.

A Motion was made, Whether the Tea now arrived in Captain Hall's Ship shall be sent back in the same Bottom—Pass'd in the Affirmative, *Nem. Con.*

Mr. Rotch the Owner of the Vessel being present informed the Body that he should enter his Protest against their Proceedings.

It was then moved and voted, *nem. con.* That Mr. Rotch be directed not to enter this Tea; and that the Doing of it would be at his Peril.

Also Voted, That Captain Hall the Master of the Ship, be informed that at his Peril he is not to suffer any of the Tea brought by him, to be landed.

A Motion was made, That in Order for the Security of Captain Hall's Ship and Cargo, a Watch may be appointed——and it was Voted that a Watch be accordingly appointed to consist of 25 Men.

Capt. Edward Proctor was appointed by the Body to be the Capt. of the Watch for this Night, and the Names were given in to the Moderator, of the Townsmen who were Volunteers on the Occasion.

It having been observed to the Body, that Governor Hutchinson had required the Justices of the Peace in this Town to meet and use their Endeavours to suppress any Routs or Riots, &c. of the People that might happen.—It was Moved and the Question put—Whether it be not the Sense of this Meeting, that the Governor's Conduct herein carries a design'd Reflection upon the People here met; and is solely calculated to serve the Views of Administration—Passed in the Affirmative, nem. con.

The People being informed by Col. Hancock, that Mr. Copley, Son-in-Law to Mr. Clarke, Sen. had acquainted him that the Tea Consignees did not receive their Letters from London till last Evening, and were so dispersed, that they could not have a joint Meeting early enough to make their Proposals at the Time intended; and therefore were desirous of a further Space for that Purpose.

The Meeting out of great Tenderness to these Persons, and from a strong Desire to bring this Matter to a Conclusion, notwithstanding the Time they had hitherto expended upon them to no Purpose, were prevailed upon to adjourn to the next Morning Nine o'Clock.

TUESDAY Morning Nine o'Clock,
Met according to Adjournment.

THE long expected Proposals were at length brought into the Meeting, *not* directed to the Moderator, but to John Scollay, Esq; one of the Selectmen—It was however voted that the same should be read, and they are as follow, viz.

Monday, Nov. 29th, 1773.

SIR,

WE are sorry that we could not return to the Town satisfactory Answers to their two last Messages to us respecting the Teas; we beg Leave to acquaint the Gentlemen Selectmen that we have since received our Orders from the Honorable East-India Company.

We still retain a Disposition to do all in our Power to give Satisfaction to the Town, but as we understood from you and the other Gentlemen Selectmen at Mess. Clarkes Interview with you last Saturday, that this can be effected by nothing less than our sending back the Teas, we beg Leave to say, that this is utterly out of our Power to do, but we do now declare to you our Readiness to Store the Teas until we shall have Opportunity of writing to our Constituents and shall receive their further Orders respecting them; and we do most sincerely wish that the Town considering the unexpected Difficulties devolved upon us will be satisfied with what we now offer.

We are, SIR,
Your most humble Servants,
Tho. & Elisha Hutchinson,
Benja. Faneuil, jun. for Self and
Joshua Winslow, Esq;
Rich'd Clarke & Sons.

John Scollay, Esq;

Mr. Sheriff Greenleaf came into the Meeting, and begg'd Leave of the Moderator that a Letter he had received from the Governor, requiring him to read a Proclamation to the People here assembled might be read; and it was accordingly read.

Whereupon it was moved, and the Question put, Whether the Sheriff should be permitted to read the Proclamation—which passed in the Affirmative, nem. con.

The Proclamation is as follows, viz.

Massachusetts-Bay. } By the Governor.

To JONATHAN WILLIAMS, Esq; acting as Moderator of an Assembly of People in the Town of Boston, and to the People so assembled:

WHEREAS *printed Notifications were on Monday the 29th Instant posted in divers Places in the Town of Boston and published in the News-Papers of that Day calling upon the People to assemble together for certain unlawful Purposes in such Notifications mentioned: And whereas great Numbers of People belonging to the Town of Boston, and divers others belonging to several other Towns in the Province, did assemble in the said Town of Boston on the said Day and did then and there proceed to chuse a Moderator, and to consult, debate and resolve upon Ways and Means for carrying such unlawful Purposes into Execution; openly violating, defying and setting at nought the good and wholsome Laws of the Province and the Constitution of Government under which they live: And whereas the People thus assembled did vote or agree to adjourn or continue their Meeting to this the 30th Instant, and great Numbers of them are again met or assembled together for the like Purposes in the said Town of Boston,*

IN Faithfulness to my Trust and as His Majesty's Representative within the Province I am bound to bear Testimony against this Violation of the Laws and I warn exhort and require you and each of you thus unlawfully assembled forthwith to disperse and to surcease all further unlawful Proceedings at your utmost Peril.

Given under my Hand at Milton in the Province aforesaid the 30th Day of November 1773 and in the fourteenth Year of His Majesty's Reign.

By His Excellency's Command,
T. Hutchinson.
THO'S FLUCKER, Secr'y.

And the same being read by the Sheriff, there was immediately after, a loud and very general Hiss.

A Motion was then made, and the Question put, Whether the Assembly would disperse and surcease all further Proceedings, according to the Governor's Requirement——It pass'd in the Negative, nem. con.

A Proposal of Mr. Copley was made, that in Case he could prevail with the Mess. Clarkes to come into this Meeting, the Question might now be put, Whether they should be treated with Civility while in the Meeting, though they might be of different Sentiments with this Body; and their Persons be safe until their Return to the Place from whence they should come——And the Question being accordingly put, passed in the Affirmative, Nem. Con.

Another Motion of Mr. Copley's was put, Whether two Hours shall be given him, which also passed in the Affirmative.

Adjourn'd to Two o'Clock, P. M.

TWO o'Clock P. M. met according to Adjournment.

A Motion was made and passed, that Mr. Rotch and Capt. Hall be desired to give their Attendance.

Mr. Rotch appeared, and upon a Motion made the Question was put, Whether it is the firm Resolution of this Body, that the Tea brought by Capt. Hall shall be returned by Mr. Rotch to England in the Bottom in which it came; and whether they accordingly now require the same, which passed in the Affirmative, Nem. Con.

Mr. Rotch then inform[illegible] that he should [illegible] against the whole Proceedings as he had done against the Proceedings on Yesterday but that tho' the returning the Tea is an involuntary Act in him, he yet considers himself as under a Necessity to do it, and shall therefore comply with the Requirement of this Body.

Capt. Hall being present was forbid to aid or assist in unloading the Tea at his Peril, and ordered that if he continues Master of the Vessel, he carry the same back to London; who reply'd he should comply with these Requirements.

Upon a Motion, Resolved, That John Rowe, Esq; Owner of Part of Capt. Bruce's Ship expected with Tea, as also Mr. Timmins, Factor for Capt. Coffin's Brig, be desired to attend.

Mr. Ezekiel Cheever was appointed Captain of the Watch for this Night, and a sufficient Number of Volunteers gave in their Names for that Service.

VOTED, That the Captain of this Watch be desired to make out a List of the Watch for the next Night, and so each Captain of the Watch for the following Nights until the Vessels leave the Harbour.

Upon a Motion made, Voted, that in Case it should happen that the Watch should be any Ways molested in the Night, while on Duty, they give the Alarm to the Inhabitants by the tolling of the Bells—and that if any Thing happens in the Day Time, the Alarm be by ringing of the Bells.

VOTED, That six Persons be appointed to be in Readiness to give due Notice to the Country Towns when they shall be required so to do, upon any important Occasion. And six Persons were accordingly chosen for that Purpose.

John Rowe, Esq; attended, and was informed that Mr. Rotch had engaged that his Vessel should carry back the Tea she bro't in the same Bottom, & that it was the Expectation of this Body that he does the same by the Tea expected in Capt. Bruce; whereupon he reply'd that the Ship was under the Care of the said Master, but that he would use his utmost Endeavour, that it should go back as required by this Body, and that he would give immediate Advice of the Arrival of said Ship.

VOTED, That it is the Sense of this Body that Capt. Bruce shall on his Arrival strictly conform to the Votes passed respecting Capt. Hall's Vessel, as tho' they had been all passed in Referrence to Capt. Bruce's Ship.

Mr Timmins appeared and informed that Capt. Coffin's Brig expected with Tea was owned in Nantucket, he gave his Word of Honor that no Tea should be landed while she was under his Care, nor touched by any one untill the Owner's Arrival.

It was then Voted, That what Mr. Rowe and Mr. Timmins had offered was satisfactory to the Body.

Mr. Copley returned and acquainted the Body, that as he had been obliged to go to *the Castle*, he hoped that if he had exceeded the Time allowed him they would consider the Difficulty of a Passage by Water at this Season as his Apology: He then further acquainted the Body, that he had seen all the Consignees, and tho' he had convinced them that they might attend this Meeting with safety, and had used his utmost Endeavours to prevail upon them to give Satisfaction to the Body; they acquainted him, that believing nothing would be satisfactory short of re-shipping the Tea, which was out of their Power, they thought it best not to appear, but would renew their Proposal of storing the Tea, and submitting the same to the Inspection of a Committee, and that they could go no further, without incurring their own Ruin; but as they had not been active in introducing the Tea, they should do nothing to obstruct the People in their Procedure with the same.

It was then moved, and the Question put, Whether the return made by Mr. Copley from the Consignees, be in the least Degree satisfactory to this Body, & passed in the Negative. Nem. Con.

Whereas a Number of Merchants in this Province have inadvertently imported Tea from Great-Britain, while it is subject to the Payment of a Duty imposed upon it by an Act of the British Parliament for the Purpose of raising a Revenue in America, and appropriating the same without the Consent of those who are required to pay it:

RESOLVED, That in thus importing said Tea, they have justly incurr'd the Displeasure of our Brethren in the other Colonies.

And Resolved further, That if any Person or Persons shall hereafter import Tea from Great-Britain, or if any Master or Masters of any Vessel or Vessels in Great-Britain shall take the same on Board to be imported to this Place, until the said unrighteous Act shall be repeal'd, he or they shall be deem'd by this Body an Enemy to his Country; and we will prevent [illegible] [illegible] from whence it shall come.

RESOLVED, That the foregoing Vote be printed and sent to England, and all the Sea-Ports in this Province.

Upon a Motion made, Voted, That fair Copies be taken of the whole Proceedings of this Meeting, and transmitted to New York & Philadelphia, And that
Mr. SAMUEL ADAMS,
Hon. JOHN HANCOCK, Esq;
WILLIAM PHILLIPS, Esq;
JOHN ROWE, Esq;
JONATHAN WILLIAMS, Esq;
Be a Committee to transmit the same.

Voted, That it is the Determination of this Body, to carry their Votes and Resolutions into Execution, at the Risque of their Lives and Property.

Voted, That the Committee of Correspondence for this Town, be desired to take Care that every other Vessel with Tea that arrives in this Harbour, have a proper Watch appointed for her—Also Voted, That those Persons who are desirous of making a Part of these Nightly Watches, be desired to give in their Names at Messieurs Edes and Gill's Printing-Office.

Voted, That our Brethren in the Country be desired to afford their Assistance upon the first Notice given; especially if such Notice be given upon the Arrival of Captain Loring, in Messieurs Clarkes' Brigantine.

Voted, That those of this Body who belong to the Town of Boston do return their Thanks to their Brethren who have come from the neighbouring Towns, for their Countenance and Union with this Body in this Exigence of our Affairs.

VOTED, That the Thanks of this Meeting be given to JONATHAN WILLIAMS, Esq; for his good services as Moderator.

VOTED, That this Meeting be Dissolved——And it was accordingly Dissolved.

Printed by EDES and GILL [illegible]

CONNECTICUT

Los holandeses se asentaron en Connecticut en el siglo XVII. En1639 crearon un documento llamado las Órdenes Fundamentales de Connecticut. En él se resumían las leyes y el gobierno de la colonia, por lo que muchos lo consideran la primera constitución americana escrita. En 1662, Connecticut recibió una carta real para convertirse en colonia británica.

Al comienzo de la guerra de Independencia de Estados Unidos, vivían en Connecticut 38,000 hombres. Solo unos 2,500, o aproximadamente un 7 %, eran leales a Gran Bretaña y querían seguir bajo su dominio. Interpretando esta información, cómo de fuerte crees que era el deseo de independencia en Connecticut?

El esfuerzo bélico

Cada una de las colonias americanas contaba con algún tipo de industria o comercio. Connecticut tenía una industria manufacturera muy fuerte que producía muchos productos. Otras colonias, como las del sur, producían ***cultivos comerciales****, mientras que las colonias de Nueva Inglaterra (Connecticut, Rhode Island, Massachusetts y Nueva Hampshire) producían madera. Cuando comenzó la guerra de Independencia, Connecticut pudo ofrecer suministros* ***bélicos****, como pistolas, cañones y balas de cañón al Ejército Continental.*

Este mapa muestra los territorios dentro de la colonia de Connecticut en 1766. La ubicación de Connecticut, ¿te ofrece alguna pista acerca de otras industrias que podría haber tenido en la época colonial? Haz un poco de investigación para averiguar si has acertado.

En 1775, la Asamblea General de Connecticut aprobó una "ley para restringir y castigar a las personas que fueran contrarias a las libertades de esta colonia y al resto de las colonias unidas". Ser leal a Gran Bretaña era peligroso en Connecticut.

RHODE ISLAND

Rhode Island era la más pequeña de las trece colonias. Un puritano, llamado Roger Williams, la fundó como colonia donde se respetara la libertad de religión. Williams tuvo que irse de Massachusetts a la fuerza porque creía en la separación de gobierno y religión. Los líderes de la colonia de Massachusetts opinaban que el gobierno y la religión debían estar estrechamente relacionados. Williams compró tierra de los indios narragansett en 1636 y estableció Providence, el primer asentamiento de Rhode Island, ese mismo año. La colonia quedó bajo dominio británico en 1663.

Roger Williams

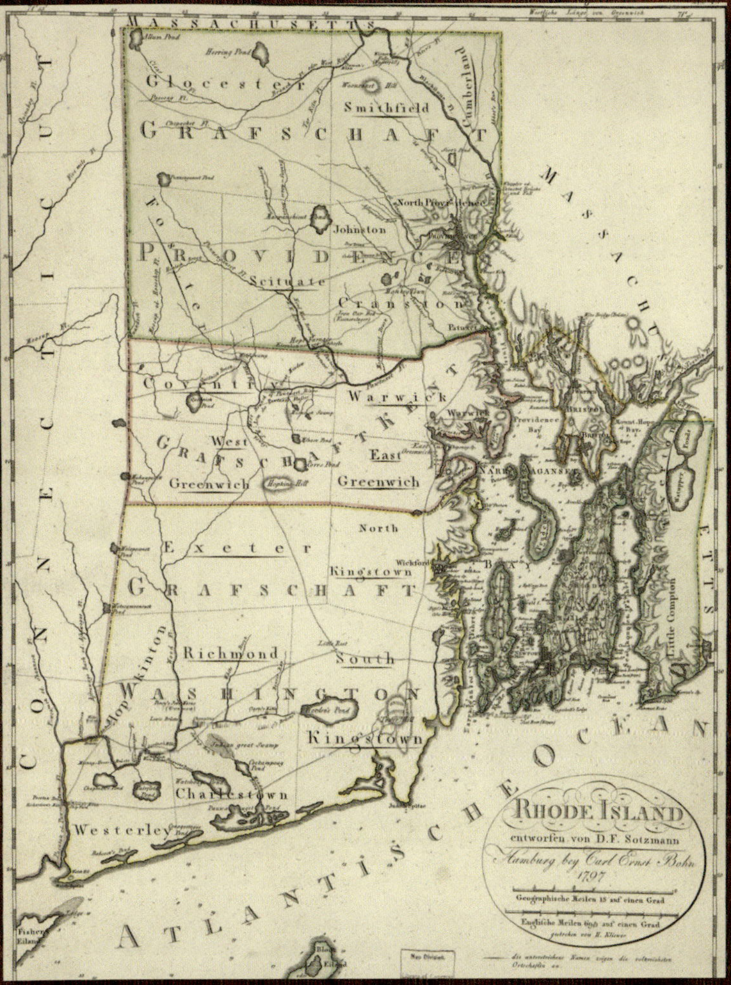

En Rhode Island se fundaron la primera iglesia bautista, la primera **sinagoga** judía y una de las primeras casas de reunión cuáqueras de las colonias. ¿Qué te sugiere esta información acerca de los habitantes de Rhode Island de aquella época?

Debido a la ubicación de Rhode Island, cerca del Atlántico, sus colonos participaban activamente en el comercio a través del océano. Cuando Inglaterra comenzó a supervisar este comercio, muchos comerciantes no estuvieron de acuerdo con las leyes que les impusieron. Rhode Island fue la primera colonia en declarar su independencia de Inglaterra en 1776.

NUEVA YORK

Los historiadores creen que los comienzos de lo que hoy es el estado de Nueva York se **remontan** al año 1624, cuando los holandeses se asentaron a lo largo del río Hudson, donde fundaron una colonia para los Países Bajos. Aproximadamente un año después, los holandeses establecieron el asentamiento de Nueva Ámsterdam. En 1664, esta zona se convirtió en colonia británica y su nombre cambió a Nueva York.

Nueva York fue una colonia de crecimiento lento, y muchos de sus colonos llegaron desde Nueva Inglaterra. También vivían en Nueva York escoceses, alemanes y gente de muchas otras **culturas**. Esto ha seguido así a lo largo de su historia.

La biblioteca estatal de Nueva York

La biblioteca estatal de Nueva York (www.nysl.nysed.gov) es un recurso en línea donde puedes encontrar información acerca de Nueva York, como la fuente primaria que se muestra aquí: un acuerdo de la compra de tierras nativoamericanas. El documento tiene fecha del 15 de octubre de 1697, y el acuerdo se firmó entre una mujer y varios nativos americanos. Piensa en los derechos de la mujer y de los nativos americanos en tiempos coloniales, y en los negocios entre los blancos y los grupos nativos. ¿Por qué es sorprendente esta fuente primaria?

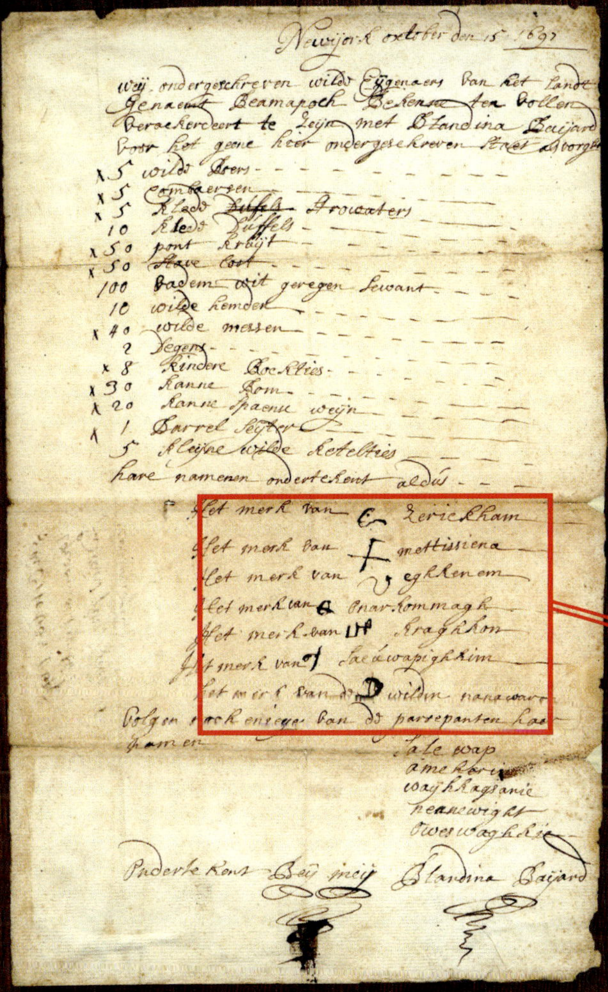

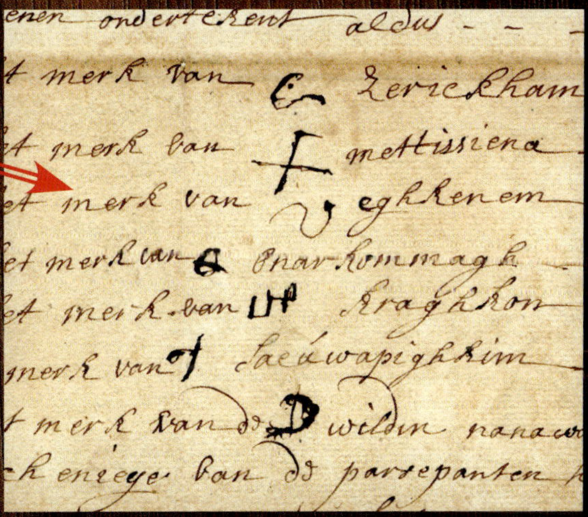

Hacia el final de este documento de 1697, los nativos americanos que firmaron este acuerdo con una mujer de Nueva York usaron símbolos, o signos, en lugar de sus nombres.

Durante la época de la guerra de Independencia, Nueva York tenía un porcentaje de leales a Gran Bretaña más alto que cualquier otra colonia: casi un 50 %. ¿Por qué crees que había tantos colonos que no querían oponerse a Inglaterra? ¿Qué datos buscarías para apoyar tus ideas?

PENSILVANIA

William Penn era un inglés adinerado que pertenecía a una religión llamada la Sociedad Religiosa de los Amigos. También conocidos como *cuáqueros*, los que seguían esta religión eran perseguidos en Inglaterra. El rey Carlos III debía dinero a la familia de Penn, pero Penn le pidió que se lo diera en forma de tierras en el Nuevo Mundo. En 1681, el rey le concedió una carta constitutiva para fundar la colonia de Pensilvania. Era un lugar donde podían vivir los cuáqueros y practicar libremente su religión.

Los primeros americanos

A medida que iban creciendo las colonias americanas en tamaño y población, la relación entre los nativos americanos y los colonos se volvía más problemática. Utiliza tus destrezas para investigar más acerca de los nativos americanos en las colonias. Busca información acerca de los nativos americanos en, al menos, una de las colonias. Haz un seguimiento de su población a lo largo de los años. ¿Qué te cuentan estos datos acerca de la conexión entre nativos americanos y colonos? ¿Qué eventos afectaron a los nativos americanos en estas colonias?

Mira este gráfico de población. Podrías usar estos datos para investigar por qué las poblaciones de ciertas colonias crecían más rápidamente que otras.

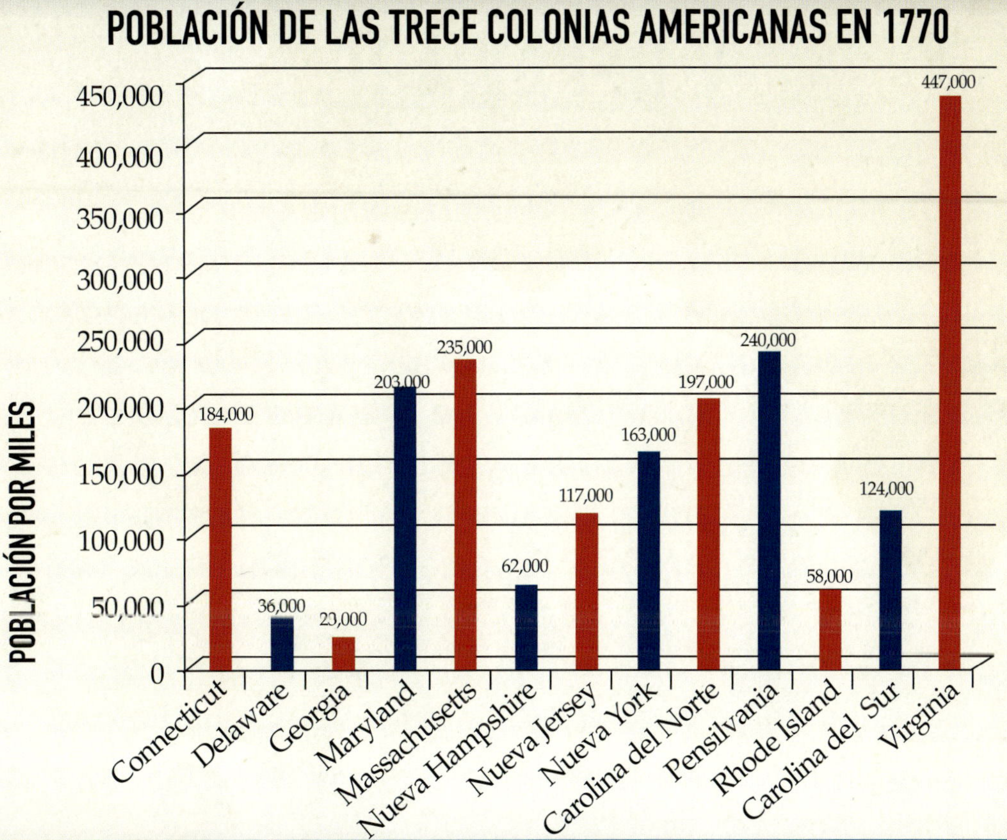

Había muchas poblaciones diferentes en la colonia de Pensilvania, ya que había nativos americanos, ingleses, alemanes, escoceses, irlandeses, franceses y suecos. También había esclavos negros. En 1700, la población de Pensilvania era de unas 17,950 personas. La población total de todas las colonias americanas era de 251,000.

NUEVA JERSEY Y DELAWARE

En algún momento, la colonia de Delaware fue gobernada por Pensilvania. Para el año 1704, Delaware tenía su propio Gobierno, aunque compartía gobernador con Pensilvania. Delaware tenía buenas tierras cultivables y se conocía como una "colonia granero" porque producía mucho trigo.

La colonia de Nueva Jersey estaba situada cerca de Nueva York, Pensilvania y Delaware. Juntas, se conocían como las colonias centrales. Originalmente, Nueva Jersey estaba dividida en dos partes (West y East Jersey) y cada una tenía su propia constitución. En 1702, se convirtieron en colonia británica. Nueva Jersey tenía una industria agrícola importante y producía madera, carbón y mineral de hierro.

Durante la guerra de Independencia, hubo más batallas en Nueva Jersey que en cualquier otra colonia. ¿A qué crees que se debe este hecho?

A veces a Nueva Jersey se la llama la "encrucijada de la guerra de Independencia de Estados Unidos", porque el ejército británico y el americano se encontraron muchas veces en su tierra.

Six Miles & 3/4 from Sam. Cooper's House to Haddonfield
Coopers Creek at the Bridge 50 yards across
NEW JERSEY
Flat land
Coopers Creek
Delaware
Pettys Island
Road to Haddonfield
3.M 1/2 to Glocestir
River of Delaware

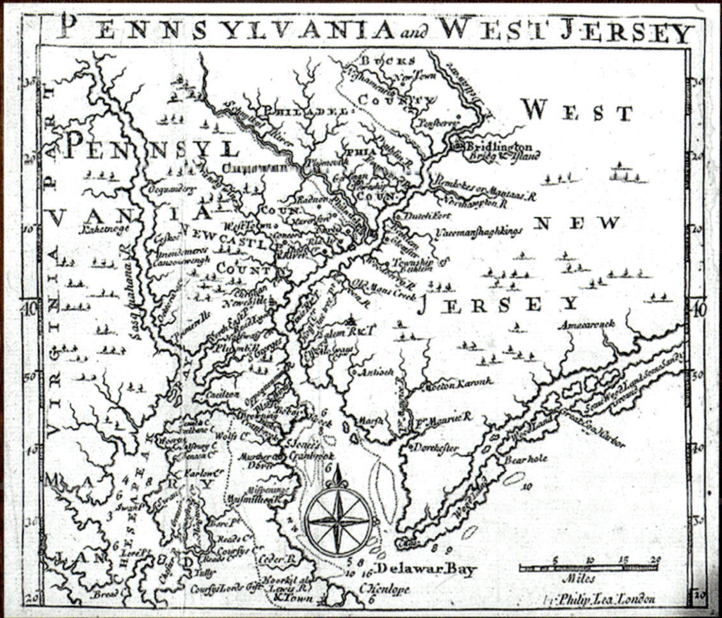

PENNSYLVANIA and WEST JERSEY
PENNSYL VANIA
VIRGINIA PART
WEST NEW JERSEY
Bridlington
Delawar Bay
Miles
Philip Lea London

MARYLAND

En la década de 1630, el rey Carlos I de Inglaterra le dio al británico lord George Calvert, apodado Lord Baltimore, permiso para fundar una colonia en América. La colonia se llamó Maryland por la esposa del rey. En aquellos tiempos, los católicos sufrían **discriminación** en Inglaterra a causa de sus creencias. Bajo la dirección de la familia Calvert, Maryland aprobó una ley, en 1649, que les daba libertad religiosa a todos los cristianos. Aunque más tarde esta ley fue revocada, o cancelada, la colonia continuó siendo un lugar para la gente que buscaba la libertad religiosa.

Maryland se hizo conocida por su industria de construcción naval, así como por sus cultivos, como el maíz y el trigo. Sus colonos fueron de los primeros en protestar contra los impuestos británicos y después estuvieron entre los soldados más valiosos del Ejército Continental. George Washington los llamaba "la línea de Maryland".

Este mapa muestra Maryland alrededor de 1685. La bahía de Chesapeake ofrecía rutas marítimas además de recursos pesqueros, que beneficiaban a la economía de Maryland.

A New Map of Virginia Mary-Land And the Improved Parts of Penn-Sylvania & New-Jersey
Sold by Christopher Browne at the Globe near the West end of St. Pauls Church, London.
Pennsylvania Pars
Philadel
Chester
Baltemore County
Cæcil County
Talbot County
Ann Arundel County
Kent Co
Stafford County
Charles County
St. Mary County
Calvert
Dorchester Coun
Westmorland Co
Rappahanock Coun
Northumberland County
Lancaster
New Kent
Henrico Co
Charles City Co
Surry Co
Isle of Wight Co
Mary Land
Virginia
Chesapeake Bay
Delawar Bay
Patowmeck
Rappahanock River
York River
Bay of Chesapeake

VIRGINIA

Jamestown, Virginia, fue el primer asentamiento británico permanente de América del Norte. En 1624, Virginia se convirtió en colonia real. Los agricultores de Virginia cultivaban y **exportaban** tabaco. El cultivo comercial del tabaco hizo ricos a muchos colonos de Virginia. El Gobierno británico quería parte de las ganancias, así que estableció un impuesto a todas las exportaciones de tabaco que salían de la colonia.

El Gobierno puso un impuesto de dos chelines, o unos 20 céntimos, por cada unidad de tabaco exportado. Este impuesto generó 3,000 libras de ingresos en 1680, que es más de medio millón de dólares en dinero actual. En 1758,

Un virginiano famoso

Thomas Jefferson fue un padre fundador y un virginiano famoso. Su padre era un agricultor exitoso de la colonia y su madre pertenecía a una de las familias más conocidas de Virginia. Jefferson fundó la Universidad de Virginia y escribió la Declaración de Independencia, uno de los documentos más importantes de la historia estadounidense. Después de la guerra de Independencia, Jefferson fue nombrado secretario de estado, en 1790, y más tarde se convirtió en el tercer presidente de Estados Unidos.

El cultivo del tabaco fue esencial en el éxito de Virginia.

el impuesto generó 6,000 libras, el doble de la cantidad anterior. ¿Qué te dice esta información? ¿Qué crees que pensaban los colonos acerca de estos impuestos? ¿Te parece que tuvieron un papel importante en la guerra de Independencia?

LAS COLONIAS DE CAROLINA

En 1663, el rey Carlos II concedió unas tierras al sur de Virginia a ocho hombres para que formaran una colonia nueva: Carolina. La población de Carolina crecía a medida que los colonos se mudaban de Virginia a esta zona. En 1670, los colonos establecieron Charleston, que pronto se convirtió en una ciudad próspera. En 1719, una sección grande de Carolina se convirtió en la colonia real británica de Carolina del Sur. En 1729, Carolina del Norte también se convirtió en colonia real.

El clima caluroso de las colonias de Carolina era perfecto para la agricultura. Carolina del Norte tenía granjas más pequeñas, mientras que Carolina del Sur tenía grandes granjas llamadas *plantaciones*.

Los Códigos de Esclavos de Carolina del Norte

En 1729, Carolina del Norte tenía unos 6,000 esclavos. Para 1767, había aproximadamente 40,000. El Código de Esclavos de 1715 exigía a los esclavos que llevaran un billete de su amo cuando salían de la plantación. Otra ley de 1715 prohibía que los esclavos se reunieran en grupos. Las leyes establecidas en 1741 no permitían que los esclavos llevaran armas sin el permiso de sus amos. ¿Qué te dice esta información acerca de los miedos que tenían los amos de esclavos de Carolina del Norte?

La esclavitud existió en América del Norte desde la fundación de la primera colonia. Después de convertirse en país, la esclavitud continuó en Estados Unidos, pero había gente que quería acabar con ella. ¿Cómo influyó el asunto de la esclavitud en los 100 años siguientes de la historia de Estados Unidos?

La mano de obra esclava era la columna vertebral de la economía del Sur, y aproximadamente el 40 % de los esclavos que hubo en América del Norte pasaron por Carolina del Sur. Los cultivos de las Carolinas incluían el arroz y el índigo, una planta usada para producir un tinte azul.

GEORGIA

De las trece colonias originales, Georgia era la que estaba situada más al sur. También fue la última en ser fundada. Un hombre llamado James Oglethorpe fundó la colonia en 1732. Oglethorpe quería que Georgia fuera un lugar adonde pudieran ir los pobres y los prisioneros para comenzar una vida nueva.

En 1733, Oglethorpe y un grupo de colonos establecieron el asentamiento de Savannah en Yamacraw Bluff, que estaba situado a orillas de un gran un río. Un consejo directivo gobernó Georgia hasta que se entregó al Gobierno británico en 1752.

Preparados para la guerra

En abril de 1775, tuvieron lugar las batallas de Lexington y Concord en Massachusetts. Cuando los colonos de Georgia conocieron la noticia, robaron cientos de libras de pólvora de los depósitos británicos. Los patriotas de Georgia bloquearon los cañones en Savannah para que no se pudieran usar para celebrar el cumpleaños del rey. También enviaron 63 barriles de arroz para apoyar a los patriotas de Boston. ¿Qué te dicen estos datos históricos acerca de los patriotas de Georgia de antes de la guerra de Independencia?

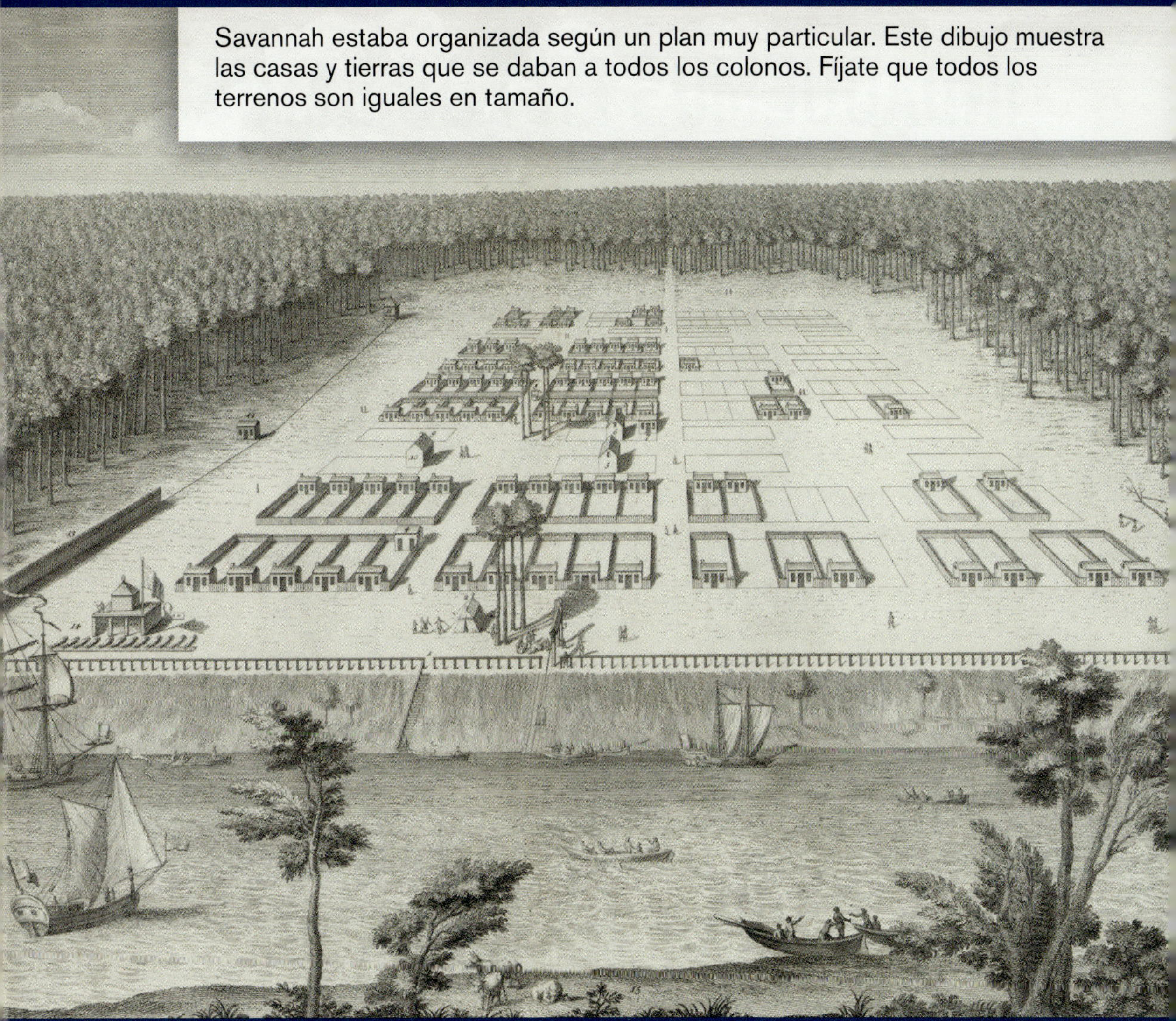

Savannah estaba organizada según un plan muy particular. Este dibujo muestra las casas y tierras que se daban a todos los colonos. Fíjate que todos los terrenos son iguales en tamaño.

Georgia era única entre las colonias porque al principio la esclavitud estaba prohibida. Sin embargo, los colonos pidieron más tarde que el consejo quitara la prohibición, lo que finalmente se hizo. Georgia pronto tuvo una economía rica de plantaciones que producían arroz y algodón.

INDAGUEMOS EN LOS DATOS

Toda la información que has aprendido acerca de las trece colonias viene de fuentes primarias o secundarias. Esta información está disponible porque la gente que vivía en aquellos tiempos guardaba archivos detallados de la historia. Entre datos de población, dibujos, mapas, periódicos y otros documentos, existe una gran cantidad de información acerca de las trece colonias.

Has visto muchos datos acerca de cada una de las colonias. Ahora te toca a ti hacer un poco de investigación. Elige la colonia que más te interese. Busca su población, los productos que producía y otros datos. A medida que vayas buscando la información, ten en mente las siguientes preguntas: ¿Qué te dice acerca de cómo era la vida en la colonia? ¿Te hubiera gustado vivir allá? ¿Por qué sí o por qué no? Piensa en una forma atractiva de presentar esta información.

Esta caricatura política del padre fundador, Benjamin Franklin, anima a las colonias a unirse para luchar contra Inglaterra, antes del comienzo de la guerra de Independencia.

GLOSARIO

bélico: que tiene que ver con la guerra.

carta constitutiva: documento oficial de un gobierno que da ciertos derechos a una persona o grupo de personas.

coactivo: que usa fuerza o amenazas para obligar a alguien a hacer algo.

cultivo comercial: cultivo que se produce por dinero.

cultura: creencias y forma de vivir de un grupo de gente.

discriminación: hecho de tratar injustamente a la gente, normalmente debido a su raza o sus creencias.

documento: escrito formal.

exportar: llevar o enviar un producto a otro país o lugar.

patriota: alguien que ama a un país. Durante la guerra de Independencia, los patriotas veían a América como su país.

persecución: trato cruel, sobre todo por la raza de una persona o sus creencias religiosas o políticas.

primera mano: que proviene de la fuente original o experiencia personal.

rebelión: esfuerzo de mucha gente para cambiar el gobierno o el líder de un país a través de protestas o violencia.

remontarse: ir hacia atrás a una época lejana.

sinagoga: lugar de culto para una comunidad judía.

ÍNDICE

SITIOS DE INTERNET

Debido a la naturaleza cambiante de los enlaces de internet, PowerKids Press ha creado una lista de sitios de Internet relacionados con el tema de este libro. Este sitio se actualiza con regularidad. Por favor, utiliza este enlace para acceder a la lista: www.powerkidslinks.com/pltam/inter